서울詩壇 시선 266

물새

홍 승 희 시집

문예운동사

시인의 말

그리운 날에

계절이 곱게 물드는 늦가을
저문 언덕에서 붉은 노을을 바라봅니다.
덧없이 흘러간 꿈같은 시간들
사무치는 울림으로 가슴이 먹먹하게 젖어옵니다.

산다는 것은
슬프도록 외로운 길인지도 모릅니다.
살고있다는 것은
아프도록 그리운 길인지도 모릅니다.
외롭고 아프게 사시다 가신
부모님곁에서 오래도록 서 있었습니다.

두서없는 글 두근거리며
긴 시간 머뭇거리다가 용기를 내어보았습니다.
귀한 시간앞에서 격려해주시고 이끌어 주신,
지금은 하늘에 계신 청하박사님께
감사의 말씀을 드립니다.
아울러 평설을 써주시고 수고 많으신
김귀희박사님께 고마운 말씀을 드립니다.

목차

제1부 봄

꽃씨 • 15
고향 • 16
고향 저수지 • 17
기일 • 19
백중 1 • 20
백중 2 • 21
치통 • 22
성황당 • 23
소쩍새 • 24
송편 • 25
약손 • 26
작은밭 • 27
왕골 돗자리 • 28
황소 • 29
오빠생각 • 30
향 • 31
올케 • 32
진달래 꽃 • 33
동생 • 34

목차

마른나무 • 35
솜이불 • 36
다시 봄 • 37
종소리 • 38
물새 1 • 39
물새 2 • 40

목차

제2부 여름

立春 • 43
뒷동산의 봄 • 44
아기 탄생 • 45
기도 • 46
이슬 • 47
편지 • 48
인내 • 49
배꽃 • 50
난타 • 51
파스한장 • 52
장 담그기 • 53
여름 • 54
오월 • 55
풀밭 • 56
딸 • 57
늦둥이 • 58
장마 • 59
귀가 • 60
안방 • 61

목차

한계령 • 62
비 오는 밤 • 63
용문산 은행나무 • 64
영산홍 • 65
엉겅퀴 • 66
호박 꽃 • 67
산딸기 • 68

● 목차

제3부 가을

생명 1 • 71
생명 2 • 72
세월 • 73
꽃 소식 • 74
분꽃 • 75
효도 • 76
나의수다 나의웃음 • 77
갈대 • 78
흔들바위 • 79
울산바위 • 80
하회마을 • 82
암자의 겨울 • 83
상원사 가는 길 • 84
석탑 • 86
방생 • 87
천둥소리 • 88
불면 1 • 89
불면 2 • 90
수국 • 91

목차

가을 장미 • 92
병실 • 93
회복 • 94
나이 • 95
겨울밤 • 96
우울증 • 97
카톡 • 98

● 목차

제4부 겨울

일출 · 101
스승님 · 102
고무신 · 103
冬眠 · 104
고려박물관 · 105
제주의 봄 · 106
호수공원 · 107
손자 · 108
설거지 · 109
가을 비 · 110
붕어빵 · 111
파마머리 · 112
모과 · 113
늦가을 · 114
겨울산 · 115
치매 · 116
이별 · 117
산으로 · 118
망각 · 119

목차

白露 · 120

가을여행 · 121

단풍 · 122

눈사람 · 123

해를 보내며 · 124

낙엽 · 125

말 · 126

제1부

봄

꽃 씨

둥둥
북소리 같은
바람이 분다

눈물떨군
꽃씨 하나
영근
날개를 펴고

별빛 그리운 언덕
꿈을 찾아

훨훨
바람이 분다

고향

머루 다래 익어가는
깊은 산맥의 푸른 골짜기
소나무 바람과 구름과 물소리가
반갑게 손을 흔들고
광덕산 맑은 물
찡하게 고인
깊고 푸른 고향 저수지

기름이 잘잘 흐르던
논두렁 밭두렁 깊게 주름이 지고
이름 바뀐 문패로
잡초만 무성한 고향 언덕

새털구름 떠 있고
송사리 오고가는 개울 물속에
하나 둘 떠오르는 보고싶은 얼굴들
옛 정이 그리운데
넓은 벌판에
쓸쓸한 바람만 분다

고향 저수지

희미한 몇 개의 불빛이 모여
고향의 별빛이 된다

뿌리내리고 살아온 터전
물속에 잠기고
뿔뿔이 흩어지던 정든 사람들
또 그렇게 친구가 떠나고
찰랑찰랑한 한낮의 고요가
물위에 반짝거리다가
깊은 바닥으로 가라앉는다

이끼낀 시간들 미끄러지며
바다같은 파도로 멍이 들고
우수수 산골에 낙엽이 지면
목이 터지던 그리움이
지독한 독감으로
뜨끈뜨끈한 몸살을 앓고 있었다

이제는 먼 시간
삭정이로 삭아 거름이 되었거나
수문 밖으로 빠져

먼 바다로 흘러갔거나
날이 풀리고 남풍이 불어오면
개구리가 뛰어가던 논둑을 거쳐
파릇한 그리움이 돋아나는
저수지 뚝길을 걸어서 가 볼까보다

기일

모 심는 계절
오월
돌아가신 아버지

철없던 딸자식
날 밤을 새셨을 노심초사
가지고 가셨을 애간장
백골의 흙이 되어도
아슬아슬한 물가에
여린 자식으로 남아
허공 저편에서
돌보고 계실지 모를
아버지

아카시아 꽃향기
짙게 머물던
고향 산마루

백중 1

창문을 활짝여니
해와 함께 떠오르는
커다란 얼굴이 있습니다
해바라기 꽃처럼
성큼 다가서는 그리움이 있습니다

살아 생전엔
옷 한 벌 해 드리지 못하고
돌아가신 뒤에
뜨거운 가슴으로
옷 한 벌 해 드렸습니다

7월 하늘에 머무는 고향산천
금강경 굽이마다
목메이는 국화꽃
화엄정토 맑은 곳에
잔 올리며
보고싶은 아버지
그리운 엄마를 불러봅니다

백중 2

가실 듯이
보일 듯
하얀 옷자락

저승 길
불 밝히는
금강경 독경소리

가슴 메어질듯
은하로 흐르던
눈물

슬픔의 고요함도
사무치던 그리움도
사랑의 빛으로

마알간
꽃잎 봉오리에
돌아 오소서

치통

뼛속으로 파고드는
차가운 바람
꼭 다물어도 아려오는
세월의 통증

참는 기도로
시린 내색 않으시고
달게 웃으시던
앞니 하나 빠진 어머니
생전의 모습

오월이면 크게 보이는 얼굴
뭉클하게 다가서는 그리움
넉넉한 곳에서
편안하십시요

성황당

바람을 막아주는
꿋꿋한 나무아래
돌탑되어 앉은자리

나, 어미되어 서고보니
하루에도 몇 번씩 떨어지는
줄에 앉은 새가슴

작은 돌 하나에도
지극한 정성의
기도를 담아

행여 부정탈까
고요히 놓고 간
어머니 속 눈물

소쩍새

저 산 너머 산골마을
그 하늘 그 산아래
사는 새가 있다

눈을 감으면
눈물이 도는 소녀가 보인다

가문 실개천
물소리 마르고
시드는 감자꽃
바작바작 타는 보리밭 고개를 너머
신음이 잦아드는
어머니가 가여워 가여워
우는 새가 있다
솔밭 그림자 저물어가는 노을을 밟으며
피가 저리게
혼자서 새가 운다

소쩍 소오쩍

송편

겉 반
속 반

울음 반
웃음 반

물 반죽
터지는 속
꼭꼭 여미어
솔향에 묻어 놓고

달처럼 떠오르는
어머니

그립습니다

약손

늦은 밤하늘
바람은 차고 쓸쓸한데
달빛은 더욱 맑아오고
가까이 들려오는
어머니 목소리

배가 아프면 쓸어주고
열이 오르면
짚어주시던 저린 손
따뜻한 엄마의 손
거친 손 약이 되어
아픔도 사르르 잠이 들었다

귀뚜라미 우는
이슬 맺힌 밤
늦가을 가을밤이
조용하게
깊어만 간다

작은밭

옥상에 작은밭

빈 상자에 흙을 채우니
반듯한 땅이 되었네
거름을 펴고 흙을 고르니
기름진 밭이 되었네
땀을 닦으며 씨앗을 뿌리니
순박한 농부가 되었네

이슬만 먹고 자란 상추밭
정성어린 고추밭에서
흙 냄새
땀 냄새
거름 냄새
우리 아버지 냄새

호미소리 가물거리는 하늘 끝
고향의 싱싱한 잎새
바람결에 아른거린다

왕골 돗자리

뜨거운 햇볕을 타고 오르던
무더운 칡넝쿨
아버지의 땀방울이 뚝뚝 얼룩지던
긴 여름날

가늘은 칡노끈
섬세한 씨줄을 놓고
억세서 부러지지 않고
연해서 휘어지지 않는
곧은 왕골 다듬고 쪼개어
시집가는 딸
한 올 한 올 곱게 살으라고

오랜 세월 비 바람에도
결고운 물빛으로
고요히 머무는 아버지의 숨결

아침이슬 반짝이는 부지런한 논둑길
개구리 울던 고향의 품이 그립습니다

황소

큰 오라비는 황소였고
힘센 황소는
든든한 오라비였다

의좋은 형제처럼
말없는 눈빛으로
대가족 무거운 짐을지고
고달프게 타고난 일복
등골이 빠지도록
피땀을 절절 흘리며
석양에 젖던
두 그림자

눈에 선한
고향 시골길
장에 갔던 우마차 한 대가
어둑한 산 고개를
느릿느릿 넘어오고 있다

오빠생각

아버지를 닮아
키 크고 넉넉하신 그 모습
넓은 마음에
누구나 좋아했던
든든한 우리오빠
선하게 베푸셨던
뒷모습을 바라봅니다

철없고 여린동생
가슴이 막혀 아플 때마다
보살펴 주시던
잊을 수 없는 사랑

주름이 조금은 편안한 지금
따뜻한 손잡고
고향갈 수 있다면
아쉽고 그리운 마음
하늘에 계신 먼 허공을 바라봅니다

향

냉한 가슴
온기로 채우고
젖은 고독
향기로 달래고
연기로 날아와
코끝에 인연으로
머물다가
저승과
이승의
눈물을 닦아주고
홀연히
한 생을 접는다

올케

열 여덟에 시집와서
종갓집 맏며느리
어여쁘게 살더니만
기절해 무너지던
하루 아침에
영영 먼 길로 떠나셨네요

감자씨 묻어놓고
씨뿌린 보리밭 패기도전에
가시는 저승의 길
보내는 이승의 길
까만 눈동자
사남매의 어린 숨소리
하루종일 비가 내리고
애절은 눈물 피가 되네요

강물은 흘러 멀어져가고
가는 세월 돌담 길 이끼가 껴도
친정, 그곳에 서 계신
부모같은 그리움

진달래 꽃

보내고 돌아서던
뒷동산 언덕위에
붉게 피는 슬픔 하나

한마디 말도 없이
허망하게 떠나간
내 언니같은 모습으로
나뭇가지 사이사이로
얼핏얼핏 흔들리며
부르면 올 것같은
부르지 않아도 달려올 것 같은
그리운 우리 언니

못다한 짧은 명
꽃으로 피어
다가올 듯 다가올 듯
떨어지는 꽃잎아

동생

멀리 흘러온 세월
지금도
엄마의 신음 소리
환청으로 들려 온다

흐리고 바람불던 날
깊고 푸른 저수지 출렁이고
꿈뻑거리며
젖어오던 어린 눈

마음이 넓어서
오히려 언니같은 동생아
엉아 노릇 못해서
눈물이 고인다
멀리 살아도
날마다 보이는 너의 얼굴
예쁘게 사는 따뜻한 모습이
한송이 예쁜 꽃으로
내 가슴에 핀다

마른나무

산에 올라가면
생을 마친 나무들
활활 불타오를
또 다른 생 앞에서
무심하게 잠자고 있네
아까운 나무 한 짐 지고와
겨울이 익도록 불때고 싶다

깊어가는 겨울바람
눈은 쌓이고
장작타는 소리
솔잎타는 냄새
뜨끈뜨끈한 온돌방에
메주 익어가던 고향 집
뜨겁게 불꽃을 피우시던
부지런한 겨울
따뜻한 아버지 생각난다

솜이불

동지 섣달
추워지는 찬바람

장롱문을 여니
반듯하게 개여진 솜이불이
따뜻하고 정겨웁다
해마다 목화를 심어
정성스런 티끌을 가려내고
시집올 때 아버지가 해 주신
아버지의 온기와 사랑과
어머니의 한량없는 기도가
뭉클하게 시려온다

포근한 비단 솜이불
방바닥에 펴고
고단한 다리를 쉬어보니
부모님 영정이 계신
고향집 아랫목이 눈에 어린다

다시 봄

개나리
다시 피는
진달래

산새소리도
다시 들어
반가운데

한번 떠난
사람들은
돌아올 줄 모르네

봄은 왔는데
외로운 바람만
언덕을 오르네

종소리

타오르는 불길
흐느끼는 불꽃
천근의 무게
녹여

맑고
깊고
은은하게
울리는 소리

허공으로
영혼으로
세상 끝까지
퍼지는 소리

외진 곳
젖은 눈가에
머무소서
빛이 되어 머무소서

물새 1

아무도 없는 물가
빈 가지에 앉아 있는
작은 새

잃어버린 길
물속보다 깊은
아찔한 가슴을 본다
푸른하늘 날아가는
꿈속에 잠들다가
바닥으로 추락한
날개의 상처
가야할 때에
떠나지 못하는
무거운 텃새의 고뇌

애타는 주먹만 쥐고
빈 들판에 서성이는
물새 한마리

물새 2

물이 맑아
물을 보고 사는 새
물이 깊어
물을 품고 사는 새
물이 좋아
물에서 살고 있네

물빛은 고요한데
바람이 불어오고
물속은 맑은데
파도가 밀려 온다
물결은 머물고 싶은데
물은 흘러야 한다

제2부

여름

立春입춘

얼음 속
깊은 침묵
땅이 풀리네요

대지의 숨결
따뜻해오고
마른 가지 속으로
물이 오르며

사물놀이
풍악을 울리며
봄바람이
언덕을 넘어와요

봄, 여름, 가을, 겨울
자지러지게
흐드러질
큰 마당 비질해 놓고
봄 마중 나가봐요
꽃 마중 나가봐요

뒷동산의 봄

빠른 계절의 발걸음
먼저
달려오는 봄바람

촉촉한 봄비가 산을 깨우고
나뭇가지에 쌓이는 햇살
살가운 바람소리
산수유 몽우리에 물이 오르면
조용히 눈뜨는 숲속의 아침

집을 고치는 산새 부부는
부지런히 새 봄을 물어나르고
멀리 가지 않아도
꽃은 핀다

아지랑이 꿈꾸는 언덕에
아른아른
봄볕이 눈부시다

아기 탄생

수많은 별
별 하나 빤짝이는
빛나는 눈빛
태를 안고

하늘의 비밀
비밀의 신비가
문을 두드리고
노오란 하늘이 열릴 때까지
기절하는 산고의
고귀한 진통이여

어찌 내 품에
세상에서
하나뿐인 너의 눈동자
젖을 물고 잠드는 숨소리

지극한 사랑
새 생명이여

기도

한 송이로 피게 해 주십시요
언 발 구르며 천리에 앉은 몸

피지 못한 영혼
속에서 꿈틀거리는
뜨거운 꽃대궁 끌어 올려
간절히 보고싶은 꽃

땅에 떨어진 매운 눈물
깊은 곳으로 흘러
새살 돋는 푸른 언덕에
구슬같이 맑은 꽃잎
한 송이로 피게 해 주십시요

이슬

밤새도록
눈가에 맺히다가
풀잎에 떨어져
아침 햇살에
닫힌 가슴 연다

기쁨도
슬픔도
걸러내고
아름답게 몸부림치며
불려지고 싶은
이름으로
말갛게 남다가
아무도 모르게
가고싶은
물
한방울

편지

하늘에 피어나는 흰 구름으로
하얀 도화지를 만들고
출렁대는 동해의 푸른 물 찍어
깊은 가슴을 그리고
언덕에 핀 진달래 꽃물 녹여
그리움을 그리고
노오란 개나리 꽃잎 향기로
미소를 담고
못 다 핀 꽃봉오리에 글썽거리는
말간 이슬로
눈물을 그리고
무지개 비단 올 빼어
안부를 적어
봄바람에 띄워 볼꺼나
산제비 부리에 물려
전해 볼까나

인내

눈을 꼭 감는다
다시
눈을 뜬다

언 손을 부비고
견디는 것은
한 사람의 아내이기 때문이다

손톱이 찢어져도
견디는 것은
아이들의 엄마이기 때문이다

눈물이 떨어져도
견디는 것은
나 자신을 지키기 때문이다

비 바람 이겨낸 나무처럼
훗날 거기
반듯하게 서 있는 모습하나

배꽃

이 땅에
큼직한 열매 맺어보려고
가뭄의 타는 목마름에도
하얗게 봄날은 핀다

티없이 커야 한다고
공들이는
파아란 4월의 햇살
구슬같은 땀방울

꽃잎적부터
잘 가려서 듣는
물 소리
바람 소리

산 너머 온
찬란한 빛
눈부시게 내려 앉는
희망의 푸른 봄

난타

쓰디쓴
인생의 고빗길
못다 울어
가슴에 맺힌 응어리

풀지 못한 한
땅을 치랴
가슴을 치랴
북소리 울릴 때까지

올라갔다 내려갔다
치고 빠지며
때려 부수는 동안
절절한 가락으로 돌고 돌아
신명이 되고
눈물이 되고
굽이굽이 넘어가는
인생의 노래가 되어

뜨겁게 가슴 적시는
울림의 한마당

파스 한 장

눈만 뜨면
먼지 쌓인 날들
손이 저리다
손목에 파스를 붙이고
수북히 쌓인 빈 그릇
빈 그릇 채워야 할
부르튼 시간들
허리에 또 하나
파스를 붙인다
썰물처럼 빠져나간
널부러진 등짝에
또 하나
철썩붙이고
욱신욱신 힘없는 육신
자글자글 타는 가슴에
또 한번
파스를 붙여야 할까?

장 담그기

콩 한 톨
태어나기도 어렵다지만
살기는 더 어려워
숨찬 고빗길
모진 세월 앞에 선다

길고 긴
백 날 백 밤
마른 고뇌의 캄캄한 고독
아득한 인내
내일을 위한
숙성의 푸른 꿈

아프지 않고는 얻을 수 없는
발효의 진한 피
양지 바른 봄 익어갈 때
정갈하게 우러나오는
맑고 깊은
그 맛

여름

붉은 햇볕
쏟아지는 여름 한나절

참고 견디며
속으로 고인 물기가
뜨겁게 흘러내리는 땀방울
고된 눈을 깜빡거리며
더위를 타고 오르는
푸른 잎새들

가을을 향해서
꿈꾸는 아이야
여름이 가기 전에
눈물 같은 구슬땀
피같은 땀을 흘려라
땀 냄새 흐르는 곳에
진정한 삶에 향기가 있다

오월

봄날은 푸르고
아름다운 강산도 푸르고

나뭇잎에 쏟아지는
싱그러운 햇살
눈부시게 피어오르는
너울진 꽃송이
창문을 활짝 열어 둔다

가까운 산을 오르며
푸르고 푸른 나무아래서
나도 흠뻑
싱싱한 물이 오를 것 같다

숲속의 순한 바람결
날으는 산새소리에
귀를 열고
천천히 걸어가는
흰구름

풀밭

맑고 맑은
오월의 하늘

어린 풀들이 뛰어 놀고 있다
넘어지면서 크고
크면서 일어나는
싱싱한 풀밭
하늘을 날으는
향그러운 계절의 품에서
마음껏 커 가는 아이들 목소리

고향 만리
풀꽃 그리움
먼 길 돌아와 풀밭에 앉으니
아른아른 엄마가 부르는 소리
내 유년이 뛰어오고 있다

딸

누가 주고 싶었을까
잘 생긴 나무꾼이 주고 싶어
가만가만 놓고 간 꼬까신
눈부벼 눈뜨면 본 적이 없고
가만히 눈감으면 보이는
신비한 꼬까신
아슴한 꿈길에서 신어 보고
너는 나에게 사랑이 되었다
기쁨이 되었다
아장아장 걸어오던 걸음마
어느새 꿈많은 아가씨
예쁜 너에게
비단 보자기 풀어
그때 그 꼬까신을
엄마의 기도로 신겨준다

꼭 알맞은 나이
꽃피고 열매 맺어
둘이서 걷는 아름다운 사랑의 길
어여쁘게 걸어 가거라
반듯하게 걸어 가거라

늦둥이

다람쥐가 놀고 가던 길 위에서
너의 발자욱을 찾았다
아침햇살 반짝이는 잎새 위에서
너의 이름을 보았다

놓칠 뻔했던 손
가까스로 붙잡고
가물가물 걸어오는 걸음마

언제 크느냐고
급하거나 걱정하지 않는다

이 찬란한 햇살
맑은 공기
든든한 흙 냄새가
너의 어깨를
튼실히 키워 줄 테니까

장마

맑은 해 질 때까지
부지런히 부지런히 돈 벌어서
감자 한 박스 양파 한 자루
사 놓으니
누구누구 부럽지 않네

비 오고
지루한 날
감자 삶아 옆에 놓고
막둥이 아들과
장기나 두어볼 일이다

얽키고 설키며
앞으로 가는 복잡한 길
어두운 길눈 앞에서
깊어지는 고뇌의 시간
길어지는 침묵
나이를 먹어도 모르는
인생의 길

귀가

고단한 모퉁이를 돌아서
어두운 길을 걸어온다

타바타박 따라오는
땀에 절은 발걸음

하루의 먼지를
탁탁 털어버리고

길은 좁지만
따뜻한 길

하얀 달이 떠있는
골목길

안방

아늑하게
햇볕 잘 드는 남향 집
파아란 하늘이
안으로 들어 온다

물먹은 손
땀에 젖은 옷자락
하루를 훌훌 벗고
어제와 오늘이
허리 펴고 숨쉬는 곳
떨려오는 고뇌도
감추고 싶은 눈물도
엄마의 품처럼 감싸 주는
따뜻한 곳

편안한 불빛 아래
건강한 꿈속을 날아간다

한계령

하늘의 길도
땅 위의 길도 아닌
안개로 내려앉은 길

산보다 무거운
삶을 지고
숨이 차는 가파른 준령

가도가도
높은
산 위에 산

내가 넘어온
아찔한
인생의 고갯 길

비오는 밤

쓴 잔속에 채워진
슬픔을 마시며
가슴에 흐르는
물소리

캄캄하게 밀려오는 한 밤중
비오는 소리만
무거운 어깨위로 흘러내린다

서러운 눈 부비며
딱, 오늘 하루만
흠뻑 젖기로 하자

내일은
땅에서 일어나
또
길을 걸으리

용문산 은행나무

인생 백년도
드높은 별빛인데

천수를 훌쩍
넘으셨다는 신의 전설

구름 속의 번뇌
빗줄기로 씻어내고
벼락 치는 천둥번개
우주의 깨달음
잎새마다 새기고
뿌리내리어

용의 전설
또 다시
천 년을 향해서

영산홍

함께 피어도
곱게 피어도
외로운 침묵

강을 건너지 못한 바람
하늘빛으로
올라가지 못한 꽃망울

소쩍새 우는 언덕 길
절절한 영혼들의 아우성이
목을 놓아 핀다

자유로운 곳
먼 곳을 바라보며
붉게 피는 꽃무리

엉겅퀴

그대 향해
붉게 핀 꽃잎

그대 위해
돌아서리라

무심하게 흘러가는 강물
돌아오지 않는 메아리

빗방울 떨어지는 언덕
먼발치에서

파르르 젖어오는
꽃망울

그리움 묻어
조용한 별이 되리라

호박 꽃

뜨거운 햇볕
땀방울로 피는 꽃잎

고된 눈물 땅에 심어
넝쿨로 뻗어가고
바람많은 울타리에
들어도 못 들은 척
무던한 종갓 집 꽃 그늘
바라만 보아도 든든한
내 언니같이 순한
맑은 꽃잎

뭉개구름 머무는 고향 언덕에
짧게 살다간 모습
꽃잎 속에 사무친다

산딸기

긴 가뭄
마른 땀을 흘리다
꼬이는 잎새
샘물 한 바가지 퍼주고 싶다

숨찬 산 고개
이슬 한방울로
꽃을 피워
열매맺어 보려고
산 그늘 뒤에 숨어
애타는 가슴
목타는 꽃잎

가늘은 줄기에
매달린 삶
아프다

제3부

가을

생명 1

누가 낳아놓고 떠났다

그늘진 응달
비바람 떠도는 공터에
민들레 홀씨 하나 태어나
천심, 그대로
꽃이 되었네

물 한 방울 돌지 않는
콘크리트 바닥 틈새
떠내려온 한 줌 흙에
시린 몸 붙이고
살아 있다는 게
눈물겹다

질기고 모진
목숨
못내
찡한 생명

생명 2

왕파리 한마리가
길을 잃고
주방앞에서 어릿거린다

어떻게 들어 왔을까
파리채 한방으로
때려주고 싶지만
이 세상 하늘아래
너도 나도 똑같은 점 하나
아무리 작아도
살아 있어서 귀한 생명

창문을 활짝 열고
나가는 길을 일러준다
헤매던 한 생명이
가슴을 펴고
훨훨 날아 간다
바라보는 내 마음이 편안하다

세월

해 뜨고
달 뜨고

꽃 피고
새 울고

뜨거운
땀방울

단풍잎
고운가 했더니

눈 오는
겨울밤

저문 강가에서
듣는
빠른 물소리

꽃 소식

통도사
맑은 하늘에
활짝 핀 꽃소식

숲길을 마중나오는
향기로운 솔바람
꿈길을 간다

혼절한 영혼의
애태우던 기도
마른 눈물의 꽃

헤일 수 없는
천만송이
깃발 되어 나부끼고

축제의 꽃길
아롱다롱
봄날이 곱다

분꽃

싱그러운 아침 이슬
창문을 활짝열면
꽃내음 물드는 창가
화사한 햇살이 눈부시다

고달픈 세월의 흔적
그늘진 구석구석
화장수로 지우면
고운 살결위에
향그럽게 스며드는
분꽃 냄새
꽃피는 그녀의 시간

하늘은 파랗고
아름답게 피어나는
여인의 향기
흘러간 시간
주름도 환한 꽃이어라

효도

붉은 감 잎새
뚝뚝 떨어지는 뜨락
빈가지 쓸쓸하게
서성이는 늦가을

아빠하고
문열고 들어오는
씩씩한 발자욱소리
해맑은 눈동자
아이들 손잡고
엄마부르는
건강한 목소리
떠들썩한 웃음소리

늦도록
살아보니
그게
으뜸의 효도이더라

나의수다 나의웃음

눈가에 굵은 주름도
입가에 쓴 웃음도
다 잊어버리고
만나는 친구들
스무살 소녀처럼 즐거워진다

어찌 쓸 말만 하고 살랴
콩도 섞고 팥도 섞고
콧물도 섞으며
겨울도 섞여 있는 시절을
큰 소리 웃음으로
수다 떨고 호호거리면
명치 끝 고달픈 체증은 뻥 뚫리고
축 처진 피곤도
웃음이 지핀 생기로 살아나
즐거움이 되리니
우리 함께 웃으며
살고지고

갈대

언덕에 떨어진
작은 풀씨
바람이 분다

자꾸만 바람이 분다
숨차게 떠도는 바람
바람꽃
한세상 흔들리다가
부서지다가
꿈도 꾸지 못하고
저무는 찬 서리

뼈속까지 스미는
쓸쓸한 가을바람
마른 기침만
목이 쉰다

흔들바위

저기
저 큰 봉우리
구름에 가린 산 꼭대기
올라가는 길

푸른 솔바람
오고가는 이정표 그늘아래
숨 고르는 흔들바위
쉬어가는 산새 소리들

당당한 바위도 흔들린다
나뭇가지 흔들리고
우리 인생도 흔들린다

붉게 올라오는
일출의 새벽 찬바람
반짝이는 별빛헤며
비탈길 올라가는 숨찬 사람들
안녕을 빌어준다

울산바위

하늘과 손잡고
변화무쌍한 거대한 바위
가을바람 산을 오르고

해 뜨는 아침
올라갈 수 있다는 용기를 쥐고
가파른 나이앞에 서 본다
비탈 길 뒤에서 따라오고
막막한 바위앞에
인생길 무거워 숨이차는데
바위틈 고통을 딛고
우뚝 서 있는 푸른 소나무
애처럽게 맑은 구절초 숨결이
젖은 이마를 닦아준다

맑고도 깊은 영산의 산 빛
뭉치고 흩어지는 구름위에
웅장한 기암의 산 봉우리
살아 숨쉬는 산맥의
굵은 맥박이 뛰고 있다
아찔한 절벽 하늘 꼭대기

점 하나로 서서
내 가슴도 뛰고 있다
높고 낮은 바람과 구름이
꿈처럼 흘러간다

하회마을

유구히 흐르는 낙동강변
깊고 푸른 강물도 돌아가는
부용대의 절경
아침해 밝게 뜨는
이름난 명당에
문필봉의 정기
탯줄로 내려 앉아
귀하게 자란 소나무

하얀 도포자락 보일듯이
글 공부 들릴듯이
뼈대있는 양반들
선비가 되었다가 신선이 되었다가
소문난 탈춤들의 뜨거운 전설
젊잖고 신명나는 해학의
복받은 터

암자의 겨울

떨어진 낙엽 고이 잠이 들고
조용히 저무는
깊숙한 산사의 불빛

동안거 참선에 들어간 선방 화두
가슴 조여 오는 사람아
엄숙한 전생의 업보
외롭고 아득한 108 번뇌
가슴 부벼 참회 하는 여인아

비켜갈 수 없는 생의 먼 길
나뭇가지에 걸린 바람 한 줄기
어디서 엉킨 매듭일까
윤회의 고통 앞에서
뜨겁게 하고 싶은 말
묵언으로 접어놓고
고요히 숙여 사르는 업장
무량의 기도
삼천 배

상원사 가는 길

가을이 지고 겨울로 가는
오대산 상원사의 풍경소리
계절의 순환
우주의 질서가
낙엽으로 수북히 쌓이고
조용히 쉬고 있는 나무들
나뭇가지 사이사이로 오고가는 바람소리
바위틈으로 흘러가는 가느다란 물소리
정답게 들려오는 새소리
그대로가 법문이요
세월을 넘어온 푸르른 노송이
허옇게 웃는 저기 하늘 끝
그대로가 해탈이네

적멸보궁으로 오르려니
호랑이같은 바람이 모래를 뿌리더니
용의 눈물같은 굵은 비가
뚝뚝 떨어지다가 금세 그친다
숨 넘어갈 듯 구름 속을 올라가니
잠들어 버릴 것같은
寂滅적멸의 고요함

때묻은 고개를 숙이고
마음을 여민다
월정사로 넘어오며
천년 고찰의 석탑앞에서
부처님의 자비를
침묵으로 본다

적멸 : 고요속의 고요. 고요마저 잠든 것(불교용어)

석탑

무심한 강물위에
별빛만 쏟아진다
하염없는 그리움을
마음속에 눌러놓고
사무치는 울림으로
한 모습 보일때까지

산사에 머무는 고요
산그림자 적막해지고
도량에 울리는 화두의 종소리

지극히 쌓은 공덕
자비로운 모습으로
환생하고
따뜻하게 스미는 무량의 빛
두 손 모아 합장하는
해탈의 기도

방생

정월 대보름
신년
칠일기도

햇볕이 반짝거리는 강변에
구름을 안고 흘러가는
충주호

마음 졸여
간절히 기도했던 날들
꼬리 흔들며
자연의 품으로 돌아가는
뭉클한 저 모습

파아란 하늘아래
귀하고 소중한 생명들
가슴 저리도록 아프지 말라고
바람부는 물가에 서서
두 손을 모아 본다

천둥소리

욕심 많은 세상
죄 많은 이 땅에
떨어지는 불호령

태어나서 사노라면
할 일도 많고
시름도 많아
알면서도 짓고
모르고 짓는
더 큰 죄
겁이나는 등줄기로
쏟아지는 빗물
빗물

사는 날까지
이 세상 아프지 않도록
죽는 날까지
착하게 살아야겠다

불면 1

노곤한 하루의 시간
땀에 젖은 육신은
바닥으로 가라앉고
이탈한 영혼은 경계를 넘어 선다

마른 눈 깜빡이는
밤하늘
핏발이 서도록
떠 다니는 몽상
길잃은 새벽

내려 놓아도
무거운 세상이
하루종일
눈꺼풀에 매달린다

불면 2

살아온 날
무거운 업
많은 죄업을 지었나보다

지나온 골목길에서 헤매는
부질없는 발걸음

어둠이 뒤척이다가
신음이 되는 오밤중
바작바작 새우는 밤

달빛도 창백한
고문같은 밤
출구를 못찾는 밤 길이
멀기만 하다

수국

고요한 절 마당에
얼굴만한 수국이 핀다

비에 젖은
그리움
흰 구름 위에 실어 보내고
돌아서는데

말갛게 도로 피는 꽃
얼굴처럼 수국이 핀다

가을 장미

깊어가는 가을바람
낙엽은 지는데
찬 서리 울타리에
빨갛게 장미가 핀다

이슬 머금은 꽃잎
애처러운 가슴을 열고
아리게 사무치는
석양의 긴 그림자

때는 늦었지만
아름답게 살아가는
속 깊은 가을 이야기
가을볕에 반짝거린다

병실

의사 선생님이
걸어야 산다는
처방을 주셨는데

헛소리 들려오는 무거운 통증
밤이 떨리고
상처보다 더 아프게
울렁거리는 우울증
슬프도록 가여운 가슴은
자꾸만 옆으로 쓰러져
숨이 막히는데

꿈인지 생시인지
흔들어 깨우는
엄마의 음성

회복

밝아오는 아침 해를 바라보며
땅을 짚고
일어나는 연습을 하고 있다

덧없이 흘러간 날들이
유리창에 얼룩지고
주저앉은 긴 어둠의
수면에서 깨어나
탈진한 생존의 몸부림으로
귀한 생명줄을 붙잡고
쓰러지듯 일어 선다

파릇하게 돋아나는 봄기운으로
잃어버린 걸음을 찾아서
젖은 눈을 크게 뜨고
다시 살아 숨쉬는 창가에
싱그러운 푸른 잎새
깊은 호흡으로
건강한 마음을 열어 본다

나이

거침없이 흘러가는
빠른 세월아
하얀 나이가 민망하다
생일날 꽂아주는 그 많은 촛불
철없이 저문 지나간 시간들
돌아보기 민망하다

찬바람 불어오는 빈 들판에
마음은 작아지고
노을빛에 물든
쓸쓸한 산 그림자
우수수 낙엽 쌓이는 소리
덧없이 계절이 깊었구나

겨울밤

짧은 해를 여미면
긴 밤이 열린다

걷어올린 소매
눅눅한 체온을 말리며
어둠이 주는 안식속에서
내 육신은 편안해진다
고단한 하루의 문을 닫고
돌아와 앉은 저녁
고향의 별빛이 그리운
따뜻한 밤하늘의 명상

불 하나 켜 놓고
푹 파묻히는 밤
옛 이야기 들려올 것 같은
적막한 겨울밤의 고요를
내 터에 가꾸어 본다

우울증

문을 열어도
문을 닫아도
외롭다고

봄이 와도
꽃이 피어도
슬프다고

세상이
다 죽은듯
맛이 없다고

그리움이 아픔되어
먼 산 보는
할머니

카톡

쓸쓸한 찬바람
깊어가는 노후
눈물도 말라가는 가랑잎
부서지는 소리
참, 세월도 인생도 빠른 늦가을
슬프도록 가슴시려운데
카톡카톡
카카오톡
나를 부르는 익숙한 목소리
반가운 얼굴들
그냥 듣기만해도 좋은 사람
따뜻해지는 그리움
고맙습니다
그대
사랑합니다

제4부

겨울

일출

어둠을 밟고
맑은 동해로 간다
두근거리는 새벽
세상 속으로 떠오르는
뜨거운 햇님
새해, 밝은 빛

물결치는 바닷가에서
힘찬 출발을 보며
소원을 비는 절절한 사람들
밝게 떠오르는
새로운 각오
두 손을 모으며
새해에는 뜨거운 가슴마다
소망하는 해가 뜨게 하소서

하이얀 눈길에
건강하고 씩씩한
발자욱을 남긴다

스승님

햇볕이 닿지 않는
응달에 앉아
꽃 한송이 가꾸지 못하는
시들은 가슴속

막혀있는 자리에
따끔하게 일침을 놓으시며
백발의 경륜과 경지의
뜨거운 가르침에

한마음 열어놓고
영혼의 불빛을 찾아
어두운 눈 두근거리며
뒤에서 한걸음 걸어봅니다

고무신

넘어지고 일어나며
먼 길 걸어온 고무신
두 켤레가 나란히 놓여 있다
많고 많은 사람중에
울고 웃으며
하얗게 흘러온 세월

숨차게 뛰어왔던 젊은 날
두 손 꼭잡아 고맙고
노년의 마른 땅에서

굽은 등 펴가며
열심히 운동하는 노인
옆에서 짠하게 응원합니다
아프지 말아요

건강한 현미밥이
모락모락 뜸들고 있따

冬眠동면

몸을 쪼갤 것인가
몸을 붙일 것인가
하루를 쪼갤 것인가
이틀을 붙일 것인가

풀벌레 울음 고요해지고
가을 낙엽 떨어지면
여름내 뛰어다니던 개구리는
따뜻한 땅속으로 쉬러 간다

나는
어디로 쉬러 갈까
죽음보다 깊은 잠
이대로 앉은채로
고요히 참선하듯
눈감고 귀감고
한 철만 쉬어 봤으면

고려박물관

흘러가는
구름길 물길따라
낯설은 이국땅 외진곳에서
이슬처럼 맺히는 그리움
애타게 마르다가
가슴뜨겁게 뛰는
고려의 숨결

지나온 발자욱 굽이마다
보석처럼 묻혀있는
아름다운 이야기
맑은 향기로 미래를 열고
고국의 빛을 가득 담고있는 보물
고려의 혼이여
절절한 사랑
인고의 고독한 침묵이여

바다건너 돌아갈 날
목메여 사무치는
저 푸른 우리강산

제주의 봄

가고싶었던
바다 건너 먼 곳에
밀려갔다 밀려오는 파도 소리
눈물 고일듯 부서진다

기다림의 설레임은
물결처럼 밀려오고
푸른 꿈 부풀어 오르는
오월의 구실잣밤나무 숲속을
꿋꿋한 삼나무 초록이 함께 걷는다
넉넉한 편백나무 열매
짙은 향기 마시며
내 사랑 손잡고
머물고 싶어라

하이얀 구절초 꽃잎
오름을 오르며
무거운 짐
하나씩 내려놓고
바다에 떠 있는 저 푸른숲으로
작은 물새되어
날아가고 싶네

호수공원

하늘은 푸르고
마음도 푸르고
손에 손 잡고
벚꽃 내음 쏟아지는
향기로운 봄날

봄빛에 취하고
꽃잎에 취하고
물빛에 취해서
돌아갈 줄 모르는
눈부신 호숫가에서

빠르게 가는 물소리
봄볕 따라온
잔잔한 추억들
맑고 푸른 물결 위에
말없이 출렁거린다

손자

까만 눈 깜빡이며
제 식구를
끔찍히 알아보더니
걸어와
할아버지보고 웃더니

치과에 다녀와
죽을 쑤는데
들려오는 전화벨소리

하라버지이..
이빨은 좀 어떠세요?
더듬더듬 네살배기
신통방통한 녀석
해맑은 목소리

그날 밤
할아버지의 앞니가
하얗게 나고 있었다

설거지

요즈음
남편이 설거지를 해준다
먼저 일어나
소매를 걷고 그릇을 씻는다

나는
무릎이 아파
게으른 인형처럼 앉아 있고
고마워서
가만히 TV만 본다

숨차게 걸어온 세월의 무게
해는 저물고
말없는 지아비의 얼굴에서
문득문득
아버지의 모습이 스쳐간다

가을 비

비가 내리네
저물어가는 가을길에
궂은 비가 내리네

움푹 패인 고랑으로
고이는 빗물

가고 싶어도
아직은
보고 싶어도
아직은
말하고 싶어도

가을볕에 가슴 여미고
여물어가는 결실의 꿈
갈 길이 바쁜데

애태우는 가을비
부질없는 비가 내리네

붕어빵

부드러운 솜씨
정갈한 손 맛
금비늘로 살아 난다

눈 내리는 골목길
얇은 비닐막 바람에 펄럭이고
언 손을 부빈 생존의 몸부림은
언땅에 불을 붙인다
까맣게 밀려오는 고달픔을
따뜻하게 구워내는 그녀의 정성
추운 겨울바람 들어와 쉬고
따끈따끈한 소문을 듣고
아이들이 왔다가
어른들이 같이 온다

부지런한 겨울
잘 익은 붕어의 꿈은
넓은 강물을 헤엄치고 싶다

파마머리

힘없는 머리카락
빗살에 걸리는
세월의 강

기름이 잘잘 흐르던
고운 머리결
비 바람 맞으며 가늘어지더니
먹구름 천둥소리에
자지러드는 식은 땀
기절해 끝 갈라지더니
이고 진 짐 무거워
기름기 다 빠지더니
바람만 술술 지나간다

독한 염색약 수액을 꽂고
멋이라 위로하며
이쁜 척 앉아 있다
가늘은 머리에 하얀 눈이 쌓인다

모과

가지를 흔드는
모진
비 바람

무겁게 짊어진
고단한 길
아찔하게 매달려
속으로 아려오는
떫은 맛

찬서리 낙엽은 흩날리고
조마조마 가슴태우는
노을진 언덕에
떨어질 듯
노랗게 흔들리는
버거운 노후

늦가을

찬바람 불어오고
주르르 쏟아지는 잎새들
철없이 놓쳐버린 시간
낙엽처럼 딩굴고
아프다는 소리 신음으로 삼키며
빈 가슴 철렁이는 쓸쓸한 그림자
속울음 떨리는
억새의 몸부림으로
눈시울 붉어지는
해 저문 강가
바스락 굴러가다 혼자 부서진다

짧은 해 걸음
기우는 석양에
공연히 급해지는 마음
한 호흡 가다듬고
찬찬히 걸어 간다

겨울산

마지막 잎새를 지우고
겨울 숲속은 고요해진다

땀흘리며 봄 여름 꽃을 피우고
가을 열매 여물던 풀벌레 소리
갈대숲에 머물던 물안개도
저 푸른 하늘빛으로 돌아가고
옛 이야기처럼
골짜기의 물소리만 은은한데
산사의 종소리 여울져오면
보살님 기도
지극하고

둥지를 들락거리는 산새들
세상이야기 물어오고
다람쥐 재롱에
편안히 머무는 시간
고요한 겨울 숲속에
하얀 눈이 내린다

치매

인생의 끝자락
잡고있던 끈이
하나씩 끊어지고
지워지는 생각들
물새듯이 무너진다

속에다 묻어둔 저린가슴
외로운 절망으로 내려앉아
뜬 눈으로 젖어오는 빈 뜰에서
남은 건 고목같은 육신 하나
비 바람 파고들어
자신의 이름마저 놓쳐버린
망연한 상실앞에
빛잃은 먼 곳을 바라보며
혼자 떠돌고 있는
외딴 섬

이별

마른 손 부비며
조마조마 가슴태우던
잎새 하나
툭 떨어지고

부르던 그 이름
돌아가시면
뼈와 살은 흙으로 돌아가고
물기는 물로 돌아가고
온기는 불로 돌아가고
숨소리는 바람으로 돌아가고

자연으로 돌아가는 가쁜 숨소리
울고웃던 한 생애
연기속에 흩날리고

고개숙여
망연히 보내는
애절은 눈물의 기도
편안하소서

산으로

숨막히는 미세먼지
황사 자욱한 도시에서
멀미가 날 때
내가 흐려질 때
훌훌 털고 맨 몸으로 산으로 간다
더운 길을 걸어 고향같은 그늘
맑은 숲으로 간다

올라갈 수없는
숨찬 비탈길에서
홀로 젖는 뻐꾹새 울음
잃어버리고 깨닫는
아찔한 절벽아래서
깊게 흐르는 무언의 대답을 듣는다
상처난 곳에 단단한 마디 굵어지고
절망의 통증도
말갛게 정화되는 산
조용한 산에서
새로운 산을 본다

망각

몸이 아플 땐
낫기만 하면
하늘의 별이라도 따올 것 같고
바다의 진주라도 캐올 것 같고
물이 똑똑 떨어지게
유리도 반짝반짝
윤이 나게 닦을 것 같은데
막상 일어나면
길어지는 게으름을 어쩌나

건강하다는 커다란 행복을
잊고 산다
걸어갈 수 있는 자유를
모르고 산다

白露백로

높이 올라간 하늘
풀벌레 우는 소리
서늘한 가을의 문턱에서
숨차게 머물다가
물러가는 여름의 끝자락
저무는 계절의 통증

놓쳐버린 시간들
안타까운 우울증으로 서성이는
노을의 뒤안길에서
아쉬운 발걸음 뒤돌아보며
풀섶에 맺히는
하얀 이슬

가을여행

바다 건너
남쪽 섬
함께 가야 할 먼 길
사랑하고 싶은 사람들
할 말도 많아
따뜻하게 손을 잡는다

꿈결처럼 다가선
파아란 하늘과 바다와
산봉우리의 신비
앞을 가린 구름은 슬며시 물러가고
가을빛에 물드는 대자연의 숨결
계절의 황혼은 아름다워라

무릎 관절 무릅쓰고
땀방울에 젖도록
오르고 오르는 영혼은 아름다워
가파른 산 고개를 넘어
노루샘, 단풍나무 앞에서
멋지게 웃는 그대
인생의 황혼은 더 아름다워라

단풍

금방
흘러간 세월
시드는 잎새

짙게 물드는 황혼
덧없는
계절앞에 선 그.대

추워지는 소리
재촉하는 가을비에
눈썹에 맺히는 찬이슬

마른 잎새
떨어지는 소리
가까이 걸어온다

눈사람

눈이 오면
생각나는 사람

눈이 쌓이면
보이는 사람

눈길을 걸어가면
무척이나
그리운 사람

해를 보내며

깊어가는 겨울
바쁘게 넘어가는
세월의 갈피 속에
잊은 듯 살아오던 얼굴들이
아련히 떠오른다

날이 갈수록
고마운 사람들
생각할수록
그리운 모습들
해가 갈수록
잊지 못할 사람들

감사한 마음 전하지 못하고
훌쩍 흘러간 세월
떨어진 낙엽 앞에서
미안하다가 아파
마른 잎새에 젖는 목메임

낙엽

수북히 쌓인
세월을 밟고 걸어간다

사박사박
뒤에서 부르는 소리

말

다시
맑은 해가 떴다
새해에는
상처받은 가슴 털어버리고
향기가 나는
언어를 생각해 보자
파란 하늘
다시 한번
쳐다보고
사람과 사람 사이
말만 들어도 힘이 나고
애태우며 사는 세상
듣기만 하여도 고마운 말씀
사랑과 위로의
따뜻한 말

평설

● [평설]

물새, 날개를 달다
- 홍승희 시집 『물새』를 읽고

김 귀 희
(시인. 문학평론가. 문학박사)

1. 들어가면서

홍승희 시인이 첫 시집을 낸다.
등단 후 십여년이 되었으나 한 편의 시를 발표할 때 마다 늘 조심스러워 하고 수줍어하던 성품으로 봐서는 큰 용기를 낸 것이다. 어쩌면 이번 시집은 시인의 결단도 결단이지만 그에게 쌓여있던 시편들의 내적인 아우성과 주변 문우들의 격려가 큰 역할을 했을 것으로 보인다.

시는 대체로 글쓴이 자신의 생활방식과 주변의 상황에서 얻는 소재를 운율적 언어로 표출하는 것이다. 그러므로 시인들에 의해 채택된 시어들은 한 시인의 삶과 가치관을 반영하고 있음을 부정할 수 없다. 시어는 단지 단어로서의 역할만 하는 것이 아니라 시적 분위기를 채우는 서정적 알레고리를 갖추어서 메세지가 담긴 한편의 시를 내 놓는 중요한 도구이다.

그러나 생각과 사물을 표현할 때 사용되는 시어의 역할은 직접 화법일 수도 있고 상징적으로 제시하는 간접화법일 수도 있다. 그러므로 같은 시어라 해도 발화자가 의미하는 것과 청자가 이해하는 것은 무게감과 이해의 폭이 다를 경우가 많다. 시인과 시와 청자는 다양한 심리적 혹은 사상적 결로 알레고리를 이루는데 이를 두고 A 테이트는 시어로의 소통은 영적 교섭이 존재한다고 하였다.

이런 생각으로 홍승희 시인의 시를 대하면 여린 숨결같은 그의 시는 곧 다양한 고비를 겪으면서 삭힌 고백의 발현이고 동시대를 살아온 우리들과 부수적 설명없이도 공감대를 형성할 수 있는 것이 영적교섭에 해당된다고 할 수 있다. 하지만 홍승희 시인의 삶의 모습처럼 시에서조차 그가 겪은 인고의 시간들은 고함이나 웅변이 아니고 창을 크게 흔들지도 않으며 그저 잠시 머물다 가는 가을볕같이 설핏하다. 그래서 홍승희 시인을 알고 그의 시를 읽으면 이심전심으로 전해지는 내적 깊이를 알기에 남다른 애잔함이 앞선다.

한 시인의 초기시편들 대다수가 그렇듯 모든 시편마다 홍승희 시인이 오버랩되는 것을 느끼면서 그의 시적 여정 안에 담겨져 있는 그리움의 원형과 시로 담아내는 시인의 모습과 불자로서의 특징들 몇편을 주목해 본다.

Ⅱ. 시와 시인

1. 원형의 그루터기

누구나 그렇듯이 시적 화두는 자신이 처해있는 환경에서 건져진다. 인물이거나 사회적 환경이거나 간에 시인을 둘러싸고 있는 여러가지가 시를 통하여 드러나는 것을 말한다. 문학은 삶의 재현이며 모방이란 말이 여기서 적용된다.

홍승희 시인에겐 고향인 충남 아산시 송악면 광덕산 자락의 유년과 부모님과 동기들에 대한 사랑이 존재의 원형으로 자리하고 있다. 원형에 대한 고찰은 단지 한가지 의미만 지니는 것이 아니고 깊이 천착해 들어가면 나를 찾는 고뇌에까지 도달하기도 한다. 그리고 이런 사유를 이끌어내는 여러가지 기재들은 논리적이지 않고 정형적이지 않은 상태로 시인의 세계에 맴돌고 있다가 시인의 가슴이 열릴 때 머뭇거리며 나와선 울림을 이루고 한편의 시가 된다.

개나리
다시 피는
진달래

산새소리도
다시 들어
반가운데

한번 떠난
사람들은
돌아올 줄 모르네

봄은 왔는데
외로운 바람만

언덕을 오르네

− 「다시 봄」 전문

머루 다래 익어가는
깊은 산맥의 푸른 골짜기
소나무 바람과 구름과 물소리가
반갑게 손을 흔들고
광덕산 맑은 물
찡하게 고인
깊고 푸른 고향 저수지
(중략)

새털구름 떠 있고
송사리 오고 가는 개울 물 속에
하나 둘 떠오르는 보고싶은 얼굴들
옛 정이 그리운데
넓은 벌판에
쓸쓸한 바람만 분다

− 「고향」 일부

 본질적인 근원에 대한 동경은 서정시의 중요한 특성이다. '근원', '고향'은 곧 유토피아를 상징하기 때문이다. 그러기에 누구나 '고향'이라고 이름하는 이미지는 아련하고 그리운 모습으로 발현된다.

 홍승희 시인에게 있어서도 '고향'은 곧 '근원의 상징' 이다. '고향'은 늘 그리움이란 영역 안에서 우리의 심상을 두드리고 있다. 홍승희 시인의 기억 속의 고향엔 봄이 오면 어김없이 '개나리'와 '진달래'가 피는 곳이다. 고향에 대한 상징성은 변하지 않는다는 것을 보여준다. '다시 피는'이 이를 뒷받침하고 있다. '산새 소리'까지도 변함없이 다시 들을 수 있는 곳, 고향의 모습은 유형으로는 이미 많이 변했겠지만 무형으로는 시인의 가슴 속에 그대로 살아있다. 그러나 이렇게 산천은 의구한데 '한번 떠난 / 사람들은' '돌아올 줄' 모른다. 그래서 시인의 성정을 입은 화자는 곧 '언덕을 오르는"외로운' '바람'으로 자신의 속내를 드러낸다.

인생은 이런 것이다 라고 한마디로 정의하는 것은 무리이다. 삶이란 유동적이기 때문에 살아온 많은 날들은 다양한 추억으로 내재되고 대부분 아름답게 채색된다. 문학에 대한 정의도 학문적 편의와 이론을 정립하고자 이렇게 저렇게 정의하고 있지만 그 속성은 삶을 모토로 하기 때문에 삶과 같이 유동적이다. 같은 날 같은 시적 대상을 보아도 여러가지 다른 문장으로 표출되고 같은 대상물도 볼 때마다 다른 詩情으로 드러나기 때문이다. 그렇게 하여 시인에 의하여 한편의 시가 완성되기 까지 선택된 시적 상관물은 정반합의 과정을 거쳐 서정적 합일성을 이루어 내는 것이다.

이를 두 번째 인용시에 적용하여 보면 개나리 진달래가 해마다 변함없이 피는 고향은 '머루 다래' 도 '익어가는' '물' '맑은' '광덕산'자락에 있다. 그리고 '광덕산 맑은 물'은 그냥 있는 것이 아니라 '찡'하게 고여있다. 시인에게 고향이란 이미지가 어떻게 내재하고 있는지를 알게 하는 단어 '찡'은 그리움에 더욱 힘을 싣는다. 그리고 그 넓은 들판에 바람이 분다. '외로운 바람' '쓸쓸한 바람' 으로만 표현되는 고향은 '원형성'의 첫번째 기재가 된다.

'저 산 너머 사골마을

그 하늘 그 산아래
사는 새가 있다

눈을 감으면
눈물이 도는 소녀가 보인다

(중략)

바작바작 타는 보리밭 고개를 너머
신음이 잦아드는 / 어머니가 가여워 가여워
우는 새가 있다
…
피가 저리게
혼자서 새가 운다

-「소쩍새」

 소월의 시 '진두강 가람가에 울던 소쩍새' 가 아홉이나 되는 남동생들을 죽어서도 염려가 되어 진두강가에 와서 울었다는 시편이랑 정서를 같이 하고 있다. 이처럼 고향과 어머니에 대한 화자의 그리움의 깊이는 우리 민족의 기본 정서이기도 하다. 그러므로 홍승희 시인의 이런 그리움은 단번에 모두를 끌어 안아 버리는 힘이 있다.

 어떤 글이든지 문학은 화자와 청자를 연결하는 가장 기본이 되는 수단이다. 그러나 때로 문학의 언어는 기호로만 존재하는 것이 안타까울 때가 있다. 홍승희 시인의 시편들을 눈이나 언어로만 읽기에는 부족하다. 가슴으로 그리움으로 애잔함으로 받아들이게 된다.

 이미지는 상상력에 의해 표출되는 것으로 시인의 내적 세계 가운데서 무정형의 질서를 지니고 있다. 하나의 화두를 따라 시가 되어 나올 때 시인은 표현하고자 하는 대상과 깊이에 알맞은 시어를 선택한다. 그러므로 시는 곧 시인 자신의 또 다른 자아가 되는 것이다. 이를 통하여 존재에 대한 인식이 성립되고 진술하는 의미를 알 수 있게 된다. 시인의 통찰력과 표상작용(기억)에 전이되는 것으로 '원형성'을 특정하기도 한다.

홍승의 시인의 자연과 고향과 가족에 대한 그리움으로 근원에 대한 세계가 열리면서 나아가 시적 화자 즉 시인의 존재 규명에 까지 영역이 확대되는 것을 볼 수 있다.

2. 절제와 포용

문학 연구 비평에서 '여성적 글쓰기'는 대한 연구도 하나의 맥을 이루고 있다. '여성적' 글쓰기가 단지 여성 시인이나 작가에게만 국한된 것이 아니기에 연구자의 방향 설정에 따라 다양하게 분석되고 있으며 문학비평에 널리 쓰이고 있다. '여성적 글쓰기'에서 시를 이루어내는 방법론이 아닌 시의 서정성을 말할 때 '모성성' '여성성'을 담론의 화두에 올리는 것이 일반적이다. '여성성' 과 '모성성'은 같은 듯하지만 약간의 궤를 달리하고 있는데 대부분 혼재하여 진술되기도 한다. 그러면서도 가장 중요한 것은 '여성성'과 '모성성'이 심정적으로 합일되었을 때 놀라운 초극의 양상을 띤다.

홍승희 시인의 시를 통하여 드러나는 그의 삶은 도전적이지 않고 우리네 사상과 현실에 견고하게 자리하고 있는 인내와 절제와 슬픔의 육화를 보여주고 있다. '슬픔의 육화'는 엄밀히 말하면 치료가 아니라 단지 참아내는 것이다. 그러므로 언제나 그 내면에 살아 있는 것이다. 단지 능동적으로 활동

성을 띠지 않을 뿐이다.

　시인의 속내, 즉 아픈 것들도, 슬픈 것들도 모두 아무것도 버리지 않고 품고 있는 속내가 시를 통하여 드러나고 있다. 여러 시편들에서 여린듯하나 사그러지지 않고 이어지는 특성을 '여성적'이거나 '모성적'으로 그 성향을 특정하여도 무리가 아니다. 그리고 이런 특정의 미학이 여성성과 모성성을 바탕으로 하고 있다.

　　눈을 꼭 감는다
　　다시
　　눈을 뜬다

　　언 손을 부비고
　　견디는 것은
　　한 사람의 아내이기 때문이다

　　손톱이 찢어져도
　　견디는 것은
　　아이들의 엄마이기 때문이다

　　눈물이 떨어져도
　　견디는 것은
　　나 자신을 지키기 때문이다
　　비 바람 이겨낸
　　나무처럼
　　훗날 거기
　　반듯하게 서 있는 모습 하나

　　　　　　　　　　　　　　　－「인내」전문

　인용된 시에서 여인의 매섭고 혹독한 어쩌면 야멸차기까

지 한 삶을 엿볼 수 있다. 화자를 화자답게 하는 것은 한 사람의 아내로서의 자리매김과 아이들의 엄마로서의 자리를 지키는 것이다. 이런 삶은 쉽지는 않다. '훗날' '나무처럼' '반듯하게 서 있'고자 '언 손을 부'벼야 하고 '손톱이 찢어'지기도 하는 비명과 같은 상황을 이겨내야 한다. 자신의 위치를 지키고자 스스로에게 하는 매몰찬 다짐이라고 해도 무리가 없겠다.

조병화 시인이 '원래 생명은 아픔에서 시작' 하여 '아픔을 뚫고 태어난' 것이지만 '다시 돌아가는' 것이라고 한 것처럼 인생은 곧 인내의 연속이다. 그리고 비슷한 환경의 반복이다. '아이들의 엄마' '한 사람의 아내' 그 외에도 인간의 삶은 복잡한 관계망 안에서 그 역할이 있다.

그 모든 것을 감당해내면서 '훗날 나무처럼 반듯한' 아내와 엄마의 표상이 되기 위해서는 초자아적으로 강인해져야 한다. 관습적으로 사회적으로 여성에게 허용된 비주체적이고 수동적인 범주 안에서 아내와 엄마의 역할에 알맞는 소리와 몸짓을 고수해야 했던 아픔이 날카롭게 드러난다.

하늘의 길도
땅 위의 길도 아닌
안개로 내려앉은 길

산보다 무거운
삶을 지고
숨이 차는 가파른 준령

가도 가도
높은

> 산 위에 산
>
> 내가 넘어온
> 아찔한
> 인생의 고갯 길
>
> ―「한계령」 전문

　마치 禪詩와 같이 험산 준령인 한계령의 상황과 시인의 삶을 잇대어 드러내는 짧은 글귀가 강렬한 인상을 남긴다. 인생의 힘듦과 한계령의 구비를 '비유'하는데 군소리 없는 '절제'의 美學이 돋보이고 있다. '절제'란 어떤 상황이나 사건을 접할 때 자신의 감정을 최대한 조절하여 다스리는 힘이라고 볼 수 있다.

　인용시에서 화자에게 절제를 드러내는 진술은 '내가 넘어온 아찔한 인생의 고갯 길'이다. '산'과 '화자'는 시인에게 자아의 투영이 되는 역할을 하고 있다. '험산 준령'이라는 한마디에 산의 굴곡진 형태와 그런 산을 통과해 가야 하는 '나'라는 '자아'는 동일성을 이룬다. 자신의 삶과 생각과 현재를 정확하게 인식하고 이를 아우르며 세상과 동행하는 자세는 곧 '자리이타'의 외연이라고 할 수 있다.

　'산보다 무거운 / 삶을 지고 / 숨이 차는 가파른 준령'이란 비유는 '산의 무게'와 '삶의 고단함'이 '가파른 준령'이란 시어를 통해 더욱 어려웠음을 내비치고 있는데 현실을 헤쳐나가는 외향적 주체가 되지 못하고 이를 수용하고 인내해야 하는 진술이 험난한 삶을 대언하고 있다. 화자는 절대 어떻게 아픈지 어떻게 수용했는지를 말하지 않는다. 철저히 혼자만의

것으로 감당해내는 점이 숭고하다는 말이 어울릴 것 같다.

'봄날은 푸르고 / 아름다운 강산도 푸르고 // (중략) / 나도 흠뻑 / 싱싱한 물이 오를 것 같다// 앞의 두 편의 인용시와 극히 대조적이다. 봄을 맞은 화자의 약진성이 강조된다. 이와 같은 긍정적 사고를 지녔으나 늘 현실은 어려움을 인내하고 절제하여야 했던, 비단 삶이 외적 모양 뿐 아니라 마음 씀씀이까지도 조심스러워야 했던 시인의 삶을 드러내고 있다.

수록되는 시편 중에서 '여성'의 아픔과 '여성적 숙명'에 대하여 찾아 보았다. 시적 화자를 통하여 드러나는 홍승희 시인의 내적 모습을 보고자 한 것이다.
남성이거나 여성이거나 관계치 않고 모든 시에는 '여성성'과 '모성성'이 자리하고 있다. 비단 여성의 시에서만이 '여성성'이나 '모성성'이 부각되는 것은 아니다. 그러나 홍승희 시인과 동시대를 살고 있는 우리는 홍승희 시인의 시에서 드러나는 한국여인으로서의 매서운 삶에 공감하게 되며 우리만이 갖는 '여성성' '모성성'에 공감하게 된다.

3. 佛心의 공간
시인이 어떤 기재로 발화하는지는 각자가 삶의 근본, 인생의 근본, 문학의 근본을 바로 세우는 기준에 따라 다르다.
생사화복이 유한한 인간은 신을 통하여 그 한계성을 초월해보고자 하는 정신적 욕구를 지니고 있다. 그런 속성을 지니고 있는 시인들에게 있어 문학으로 재현되는 삶, 언어로 채색되는 마음의 소리는 신앙을 바탕으로 하여 나타나게 된다. 홍승희 시인에게는 그런 기재가 불심을 바탕으로 하고 있다. 불자인 홍승희 시인은 관계와 소통의 통로에 불교의 자비심이 근간이 되고 있음을 찾을 수 있다.

    창문을 활짝 여니
    해와 함께 떠오르는
    커다란 얼굴이 있습니다
    해바라기 꽃처럼
    성큼 다가서는 그리움이 있습니다

    살아 생전엔
    옷 한 벌 해 드리지 못하고
    돌아가신 뒤에
    뜨거운 가슴으로
    옷 한 벌 해 드렸습니다

    7월 하늘에 머무는 고향산천
    금강경 굽이마다
    목메이는 국화꽃
    화엄정토 맑은 곳에
    잔 올리며
    보고싶은 아버지
    그리운 엄마를 불러봅니다

                                        - 「백중 1」 전문

    가실 듯이
    보일 듯
    하얀 옷자락

    저승 길
    불밝히는
    금강경 독경소리

    가슴 메어질 듯
    은하로 흐르던

눈물

작은 돌 하나에도
지극한 정성의
기도를 담아

행여 부정탈까
고요히 놓고 간
어머니 속 눈물

- 「백중 2」 전문

　수록된 시편들 중에서 부모님이나 혈육에 대한 그리움을 詩化한 여러편의 수작이 있다. 그 중 위의 두 편을 인용시로 하고자 한다. 홍승희 시인의 내적 세계를 구성하고 있는 그리움의 결이 信心과 같이 드러나기 때문이다. 앞서 살펴본 '원형'에 대한 思惟는 유형의 기억에 대한 경계없는 이미지이고 위의 두 인용시는 무형의 그리움을 이미지화하여 보여주고 있다.

　일붕 스님은 불교적 생사관으로 볼 때 생사일여관 영혼불멸하여 우리의 인생은 허무하지만 정신적 대아는 불생불멸하여 언제나 존재한다고 본다. '백중'은 화자와 이 세상을 떠났으나 불생불멸하여 언제나 존재하는 부모님과 영적인 만남이 이루어지는 시·공간의 역할을 한다.

　사실 인생의 첫번째 동반자인 아버지와 어머니에 대한 기억은 단순하지 않다. 비록 부모님은 세상을 떠났으나 자녀들의 생의 전반을 걸쳐 그 영향력을 펼치게 된다. 한 두 가지가 아닌 방대한 추억과 부모의 삶을 보면서 성장하고 사고가 형성되기 때문에 범박하게 말해서 삶의 전반이 부모님과 잇대어 있다.

  부모는 '나'를 태어나게 했으나 또한 부모는 나와 분리됨으로써 첫번째 상실감을 안겨준 대상이다. 이렇게 얻은 상실을 회복하고자 다양한 정반합의 관계가 이어지면서 그리움으로 내면화된다.

  옷 한 벌 해드리지 못했던 오래전의 아픈 기억을 갖고 백 가지 곡물이 준비된 7월 보름날인 '백중제'를 올린다. 화자에게 내재하고 있는 '옷 한 벌 못해드린' 부모님과 대한 송구함은 백중 기도에 대한 진정성을 더욱 높이게 된다.

  「백중 1」이 부모님에 대한 그리움과 부모님을 기억하게 하는 기재가 구체적인 반면 「백중 2」도 어머니 이미지로 마무리되지만 앞의 시 보다 확장된 외연을 보여준다. 백중날은 亡者의 혼이 극락으로 갈 수 있도록 후손들이 백중제를 올리는 날이다. 그러므로 시 「백중 1」, 「백중 2」는 불심이 깊고 부모님에 대하여 심정이 애틋한 홍승희 시인으로서는 더욱 의미가 있는 고백이라고 할 수 있다.

  특히 눈길이 가는 대목은 '행여 부정탈까 / 고요히 놓고 간 / 어머니 속 눈물' 이다. 여성은 오래도록 하나의 인격체로 정당한 대우를 받지 못하고 사회적으로나 개인적으로 폄하된 위치에 있었다. 이는 심지어 여성 자신에게 조차도 당연한 듯이 받아들여졌다. 이런 의식이 우리 속에 내재되어 있기 때문에 '어머니 속 눈물'은 '행여 부정탈까' 고요해야 하는 진술이 언어적 의미보다 먼저 가슴으로 이해되고 있다. 이 '고요'함은 1연의 '가실 듯이 / 보일 듯'한 시어를 뒷받침하여

선명하지 못한 점이 앞의 시 「백중 1」과 대비되어 백중 기도 중인 화자의 심정을 대변하고 있다.

여기에서 중요한 것은 불자로써 구도의 길에 부모님에 대한 고백이 나아가 불심의 깊은 곳, 구원에 이르는 곳으로 향한 초월의식이다. 평범한 진술과 보이지 않게 동반된 화자의 의식이 드러나는 것이다.

불법은 我他의 구별이 없는 것이며 佛身은 現像에 의하여 세워진 것이고 불국토는 법성의 본체에 의하여 논의된 것이라고 하는, 즉 法身의 佛身이나 法性의 佛國土는 곧 마음의 그림자라고 하여 결국 현재의 자아와 시로 표현되는 불심의 세계는 사바세계를 벗어난 어느 시공간에서 만나고 있다.

Ⅲ 맺으면서

홍승희 시인의 시편들을 몇 가지 특징으로 나누어서 살펴보았다.

앞서 말했듯이 홍승희 시인의 조용한 성품대로 시편들이 모두 조용한 고백으로 채워져있다. 그러나 온화한 시적 분위기에 동조하다가 때로 서늘하리만큼 냉철해질 때가 있다.

시편들을 통하여 유추할 수 있는 홍승희 시인은 고향과 부모님 그리고 형제 자매 등 유한한 관계와 부처님을 의지하는 초월의식 가운데서 자아를 정립하고 있음을 볼 수 있다.

무엇보다 모든 시편들에서 가볍지 않은 주제를 간결하게 표현하는 결기와 절제가 돋보인다. 삶의 무게를 털어내고 물새처럼 말간 날개를 달면서 홍승희 시편들이 날아오르길 기원한다.

서울詩壇 시선 266

물새

초판인쇄 2025년 02월 05일
초판발행 2025년 02월 10일

지 은 이 홍 승 희
발 행 처 문예운동사
등   록 2007년 11월 21일 제2007-000052호
주   소 서울시 서대문구 서소문로27 (충정리시온) 423호
전   화 (02) 312-5817
전   송 (02) 363-5816
이 메 일 skj907@hanmail.net / skj908@hanmail.net
홈페이지 http://cafe.daum.net/munyaeundong

책 값은 뒷표지에 있습니다.
저자와의 협약에 의해 인지는 생략합니다.

ISBN 978-89-5879-366-3
이 도서의 국립중앙도서관 출판예정 도서목록(CIP)은 서지정보 유통지원
시스템홈페이지(https://seoji.nl.go.kr)와 국가자료 공동목록
시스템(https://www.nl.go.kr/kolisnet)에서 이용하실 수 있습니다.